DISCOURS

SUR LA MORT

DE

S. M. LOUIS XVIII.

LYON. DURAND ET PERRIN, IMPRIMEURS.

DISCOURS

SUR LA MORT

DE

S. M. LOUIS XVIII,

Prononcé

Dans l'église réformée de Lyon,

Le 19 Septembre 1824,

PAR G. H. F. PACHE,

PASTEUR DE CETTE ÉGLISE ET PRÉSIDENT DU CONSISTOIRE.

SE VEND

Au profit des Indigens,

A LYON,

Chez LAURENT ET BERNARD, libr., rue St-Pierre,

Et chez le concierge de l'église réformée.

M DCCC XXIV.

PRIÈRE

PRONONCÉE AVANT LE DISCOURS.

SOUVERAIN dominateur de l'univers, Dieu puissant, toi de qui dépendent également et les rois et les peuples, tu vois dans ce jour lugubre, où la France entière est couverte des livrées de la tristesse et du deuil, tu vois une portion de tes enfans qui viennent se prosterner aux pieds de ta majesté souveraine, abattre leurs fronts dans la poussière de tes parvis, et te faire entendre les accens de la plus juste des douleurs. *Qui ne te craindroit, ô Roi des peuples!* te dirons-nous avec ton Prophète, *qui ne te craindroit, car c'est là ton ouvrage!* Dans le coup douloureux dont tu viens de frapper la grande famille de la nation, dans la personne de son auguste chef, nous ne pouvons que reconnoître ce pouvoir immense, qui t'élève au-dessus de toute la nature, et qui te permet d'exécuter tes immuables décrets, selon ton bon plaisir. Oui, Seigneur, toi seul tu es grand, toi seul tu es éternel, toi seul *tu es Roi de siècles en siècles; la figure de ce monde passe*, et tu demeures à toujours; *les cieux et la terre vieillissent* devant toi; mais tu es toujours le même, et les ravages du temps ne sauroient monter jusqu'à toi; aujourd'hui tu nous montres d'une manière frappante, dans le sujet de notre deuil, comment les grandeurs, les puissances du monde, la gloire de la vie s'évanouissent en un instant devant tes jugemens incompréhensibles; mais si tout ce qui nous entoure proclame notre misère, si l'exemple mémorable que tu nous donnes dans ce jour, de la fragilité de la vie humaine, nous répète avec une force nouvelle que nous ne sommes *que poudre et que cendre*, et que nous rentrerons bientôt dans la poussière, tu ne nous abandonnes pas sans secours contre ces tristes idées. Ta religion, cette bienfaisante amie de l'homme, nous rassure et nous relève; au-delà des débris accumulés du monde, au travers de cette pourpre des rois, que tu changes quand il te plaît en des voiles funèbres, elle fait briller à nos yeux les murs de cette *Jérusalem nouvelle*, qui est l'héritage du chrétien et sa consolation ici-bas : elle nous montre le Prince auguste que nous pleurons, ayant déjà échangé une couronne corruptible, contre une couronne qui ne se flétrira jamais.

Fais, grand Dieu, que ces idées consolantes touchent profondément nos cœurs, fais que pénétrés maintenant de ces grandes pensées d'une autre vie, soutenus par ces sublimes espérances de l'immortalité, nous retirions de la solennité de ce jour des forces et des lumières nouvelles, qui nous détachent de ce monde, qui nous élèvent à toi et nous préparent à ce nouveau séjour, où il n'y aura plus pour nous ni deuil ni tristesse, et où toute larme sera essuyée de nos yeux. AMEN.

DISCOURS

SUR LA MORT

DE

S. M. LOUIS XVIII.

Ainsi David s'endormit avec ses pères et fut enseveli dans la cité de David.

I. Rois. II. 10.

CHRÉTIENS, mes frères bien aimés en J.-C. Notre-Seigneur, tel est le récit que fait le Prophète de la mort d'un des premiers rois d'Israël: à cette nouvelle, nous est-il dit, la tristesse s'empara de tous les cœurs; des foules de peuples accoururent de toutes parts dans les parvis de l'Eternel, revêtirent le sac et la cendre, menèrent deuil sur le tombeau de leur roi, et dans toutes les contrées de la Palestine, on entendit s'élever ce cri de douleur: Il n'est plus ce prince auguste, que le Seigneur avoit établi pour roi sur Israël : il n'est plus ce prince qui, avant que de parvenir au trône, avoit appris dans une suite cruelle d'épreuves la vanité des grandeurs dont il devoit être revêtu : il n'est plus, et il ne nous reste de lui que le souvenir de ses vertus et les lois bienfaisantes par lesquelles il avoit pourvu au bonheur de la Judée.

Appelé aujourd'hui, mes frères, à devenir l'interprète des regrets que vous cause la perte que nous avons faite dans la personne DE TRÈS HAUT, TRÈS PUISSANT ET TRÈS EXCELLENT PRINCE LOUIS DIX-HUITIÈME DU NOM, ROI DE FRANCE ET DE NAVARRE, je n'ai pu trouver dans nos saints Livres un sujet mieux approprié à cette cérémonie funèbre, que le trait de l'histoire juive que je viens de vous rapporter. Comme le peuple hébreu, nous avons perdu notre Roi; comme les enfans d'Israël, nous menons deuil sur sa tombe; comme autrefois dans la Palestine, nous voyons maintenant dans toutes les provinces de la France, des peuples nombreux se presser dans les sanctuaires de l'Eternel, *revêtir le sac et la cendre :* nous les entendons aussi déplorer dans l'amertume de leur âme, la perte d'un Prince que Dieu nous avoit rendu dans ses grandes miséricordes, d'un Prince qui n'avoit pris le sceptre de ses pères, qu'après avoir été éclairé par les leçons d'une longue et triste expérience; et qui, par les lois qu'il est venu apporter à la France, s'est acquis le plus puissant titre à la reconnoissance et aux regrets de ses peuples.

Pour répondre au but de cette triste cérémonie, et surtout pour satisfaire aux besoins de vos cœurs, je vous retracerai d'abord quelques-uns des traits de la vie du Prince auguste que nous avons perdu, et je terminerai ce discours par quelques conséquences pratiques qui découlent de l'objet même de cette solennité.

Et toi, grand Dieu, toi, sans le secours de qui nous ne pouvons rien, je t'implore particulièrement dans ce jour solennel : mets sur mes lèvres des paroles de sagesse et d'édification ; que mes discours répondent dignement au deuil qui couvre la France entière, et qu'au sortir de tes parvis, nous soyons plus soumis et plus résignés à tes décrets immuables. AMEN.

PREMIÈRE PARTIE.

Un des plus grands écueils de l'éducation des princes se trouve sans doute dans les prestiges de la grandeur qui les environnent dès leur enfance, dans le poison subtil que leur présente si fréquemment une adulation coupable. Aussi, qu'il leur est difficile de résister à tant de séductions accumulées; que de périls leur présente cette foule de courtisans empressés à deviner leurs foiblesses, à exalter leurs passions; que d'heureuses dispositions ont été souvent perverties par cette position dangereuse; que de beaux caractères y sont devenus méconnoissables! Les annales de l'histoire n'en fournissent que de trop nombreux et trop sinistres exemples; et s'il est vrai, pour tous les chrétiens, que le malheur nous donne les leçons les plus salutaires, et que *le Seigneur afflige ceux qu'il aime*, cette vérité semble prendre un caractère encore plus frappant lorsqu'il s'agit de ceux qui sont appelés à gouverner les peuples.

Hélas! il l'a bien entendue cette leçon de l'adversité, le Prince auguste que nous pleurons; mais il l'a entendue dans toute son amertume. Si d'heureux jours éclairèrent sa première jeunesse, ils furent de courte durée, et bientôt il vit sur l'horizon politique de sa patrie se former ces terribles orages, qui long-temps désolèrent nos contrées. Il put bientôt s'apercevoir que le calme qui l'environnoit n'étoit qu'apparent, que les fêtes et l'éclat d'une cour brillante n'étoit qu'un voile trompeur sous lequel se cachoit cette étincelle qui plus tard devoit allumer un vaste incendie. Une sourde agitation se manifestoit déjà dans les esprits, les doctrines les plus funestes circuloient de bouche en bouche, pénétroient depuis les demeures des grands, jusque dans les chaumières du peuple, y prenoient, avec l'ignorance, un caractère plus fougueux et plus cruel. Depuis long-temps l'irréligion et l'immoralité, sa compagne fidèle, sapoient à grands coups l'arbre antique de notre monarchie; des écrivains téméraires, aveuglés par l'esprit du siècle, attaquoient à la fois et des erreurs réelles, et les institutions anciennes, et les principes les plus sacrés, et répandoient, dans toutes les classes de la société, leurs dangereux enseignemens.

En vain un Monarque, aussi distingué par sa piété que par ses autres vertus, présentoit-il à son peuple le plus touchant et le plus bel exemple de conduite; en vain travailloit-il au bonheur de la nation en promulgant les lois les plus sages, en établissant une tolérance si bien en accord avec sa charité chrétienne et la beauté de son âme; en vain s'efforçoit-il avec persévérance de corriger les abus qui se glissent dans toutes les institutions humaines ; rien ne put arrêter le torrent des passions déchaînées; rien ne put prévenir ces orages sanglans que les iniquités de la nation avoient accumulés sur sa tête.

Obligé de fuir dans une terre étrangère, le Prince que nous venons de perdre eut bientôt à la douleur de son exil d'autres douleurs à ajouter. Il laissoit une partie de sa famille au milieu d'un peuple en délire : il voyoit de loin le poignard des bourreaux menacer les objets de sa tendresse ; aussi, que d'agitations, que de craintes, que d'angoisses durent bouleverser son âme dans cette sinistre époque. Il lui sembloit que les vertus de son auguste frère devoient, autant que la majesté du diadème, protéger l'oint du Seigneur. Mais, hélas, que peuvent la vertu, la piété et la majesté du trône, contre les égaremens du crime ! O comble d'horreur et d'aveuglement ! ô prodige de dépravation et de démence ! ce sont des enfans qui préparent en tumulte l'instrument du supplice du plus tendre des pères, du meilleur des rois !.... Bientôt l'affreuse nouvelle parvient jusqu'à notre Monarque ; bientôt il apprend qu'une horde féroce profitant de la consternation où toutes les âmes honnêtes étoient plongées, avoit consommé le plus horrible forfait : bientôt il apprend que l'infortuné Louis XVI, son épouse, une sœur chérie, ont versé leur sang auguste au milieu d'un peuple qui auroit dû répandre le sien pour les sauver; que cet enfant royal, pour qui la jeunesse et l'innocence devoient au moins être une égide sacrée, succomboit aux traitemens les plus barbares, et qu'il avoit encore à pleurer sur les nouveaux malheurs qui se déchaînoient sur sa triste patrie.

O mon Dieu! toi seul tu pus alors soutenir l'âme de Louis; toi seul tu pus l'empêcher de succomber à tant de douleurs, et le conserver à la nation que tu voulois un jour consoler de tant de revers.

Mais auparavant le Seigneur vouloit accomplir ses jugemens sur la France; il vouloit lui faire savourer jusqu'à la lie la coupe de l'impiété et de l'oubli de toutes les lois divines et humaines; dans son indignation il sembloit dire sur elle avec son Prophète : *Cette terre sera désolée, parce que le pays a été souillé par ses habitans, parce qu'ils ont violé l'alliance ancienne; ses chemins seront couverts de deuil, ses sacrificateurs sanglottans;*

le jeune enfant et le vieillard seront gissans dans les rues ; ses vierges et ses gens d'élite tomberont par l'épée ; car ils se sont soulevés contre l'Éternel et contre son oint. Sentence terrible ! exécutée d'une manière plus terrible encore.

C'est à la France en délire que le Seigneur confie le soin de punir la France : alors on voit ces ignobles despotes, ces hommes de sang qui la déchirent, se déchirer eux-mêmes dans leurs affreuses convulsions; alors le soleil semble ne plus se lever sur notre infortunée patrie que pour éclairer de nouveaux forfaits ; alors paroît cette époque de sinistre mémoire, époque de terreur et d'abomination, époque que nous voudrions pouvoir effacer de nos annales et qui sera un monument éternel élevé à la honte de l'humanité.

Au délire des révolutions succèdent des temps plus calmes, il est vrai, mais où des guerres sanglantes, interminables viennent encore affliger la nation, arracher des larmes amères à *Rachel qui ne veut point de consolations*, parce qu'on lui ravit ses enfans. Enfin, le moment fixé par la Providence arrive ; par une suite d'événemens que la sagesse humaine ne pouvoit prévoir, et où Dieu vouloit faire sentir à la terre *que ses voies ne sont pas nos voies* , que les rois et les puissans ne sont que des instrumens par lesquels il accomplit ses vues, il rouvre à nos Princes le chemin d'une patrie toujours chère à leurs cœurs ; la France, fatiguée de tant de convulsions violentes , appelle par ses vœux celui qui doit lui rendre la paix ; du fond de son exil LOUIS répond à la voix de ses peuples , il s'avance au milieu d'eux, non point comme un juge , mais comme un consolateur ; *union et oubli* , voilà les premières paroles de nos Princes ; leur arrivée, nous disent-ils, n'est que la *présence de quelques François de plus.*

C'est alors que d'un seul trait notre auguste Monarque imprime à son règne le sceau de son amour pour son peuple ; c'est alors qu'il veut nous faire jouir du fruit de ses méditations et de ses veilles , nous prouver quelle sagesse profonde il a recueillie des épreuves auxquelles l'Éternel l'avoit appelé ; c'est alors qu'il nous présente cet acte sacré de sa volonté royale, qui doit calmer toutes les agitations , éteindre tous les ressentimens, rassurer toutes les consciences. Il veut que désormais son peuple l'environne d'hommes de son choix, qu'il puisse ainsi librement exprimer au Monarque et ses besoins et ses désirs ; il veut que le foible n'ait plus à redouter l'oppression des puissans ; que les élémens divers qui composent un grand peuple soient prudemment fixés dans leurs limites naturelles ; il veut que les François de tous les cultes puissent en paix servir Dieu selon l'impulsion de leur conscience. Monument admirable de sagesse ! loi sacrée qui doit nous unir à toujours à nos Rois , et qui attestera aux siècles futurs la profondeur et la sagesse des vues de son auguste auteur.

Et nous, membres de l'église réformée, n'avons-nous pas aussi notre tribut particulier de gratitude à payer à la mémoire du Prince dont nous déplorons la perte !

Il fut un temps sans doute où nos ancêtres ne jouissoient pas du même bonheur que nous ; il fut un temps où en défigurant nos principes, en calomniant nos vertus auprès des puissans de la terre on put surprendre leur religion et les engager à faire lever sur nous des jours de douleur et d'exil. Déjà le vertueux Louis XVI avoit abrogé ces édits funestes , sources de tant de malheurs : déjà il avoit rappelé autour de son trône de nombreux enfans, qui ne désiroient que lui prouver leur amour ; mais les revers qui accablèrent cet excellent Prince ne lui permirent pas d'accomplir à notre égard ses vues bienfaisantes. Le chandelier de la parole qui brilloit déjà sur nos autels relevés s'éteignit de nouveau dans les ténèbres qui couvrirent tout le royaume. Plus tard nous participâmes, il est vrai, au réveil religieux de la France. Mais au retour de la famille de nos Rois, combien nos besoins étoient grands encore ! En combien de lieux *la vigne d'Israël étoit encore désolée !* combien de troupeaux manquoient de conducteurs ! combien de paroisses étoient privées de maisons de prière ! Elles ont élevé la voix ; elles ont fait entendre le cri de leur détresse, et il est parvenu jusqu'au pied du trône du Souverain. Aussitôt et par son ordre, de nombreux pasteurs ont été distribuer aux fidèles la parole de vie, les instruire dans la crainte du Seigneur et dans l'amour de leurs Rois ; aussitôt plusieurs églises se sont élevées sur les ruines de nos anciens sanctuaires, et aujourd'hui dans toute la France leur voûtes sacrées retentissent de nos regrets, de nos gémissemens pour la perte de notre bienfaiteur ; de nos vœux, de nos bénédictions pour le Prince auguste sur qui reposent aujourd'hui nos espérances.

SECONDE PARTIE.

Mais dans ce jour solennel, nous ne devons pas, mes frères, nous borner à des regrets et à des larmes impuissantes : nous devons encore porter nos regards sur nous-mêmes; nous devons tirer du spectacle de deuil qui nous environne, de grandes et salutaires leçons.

Ministres de J.-C., établis par lui pour être *une sentinelle en Israël*, et rappeler à son peuple la vanité de tout ce qui l'entoure, nous vous avons souvent adressé sur ce sujet les exhortations de la parole sainte. Mais les distractions du monde, le tourbillon de vos affaires habituelles, les sollicitudes de vos attachemens terrestres ont bientôt effacé l'impression de nos discours, si même elles leur ont permis de pénétrer quelquefois jusqu'à votre âme. En vain, nous vous avons souvent dépeint la scène du monde changeant continuellement devant vous, les familles humaines s'éteignant ou variant sans cesse leur aspect, à mesure que la mort les dépeuple; en vain nous avons souvent voulu vous rappeler la fragilité de notre existence en vous retraçant le souvenir de ces parens, de ces amis qui vous avoient déjà dévancés, et qui sembloient toujours vous dire que dans quelques jours vous aussi vous ne vivriez plus ici-bas que dans les souvenirs. Lorsque vous-mêmes vous avez accompagné dans ce temple la dépouille mortelle de quelqu'un des objets de vos affections, nous avons souvent cherché à profiter de ces scènes lugubres pour produire chez vous une impression salutaire, pour vous arracher aux illusions qui dérobent à vos regards votre véritable patrie. Aujourd'hui nous avons des moyens plus puissans pour vous toucher ; aujourd'hui nous pouvons vous présenter comme en un seul point la réunion de toutes les grandeurs humaines et la preuve de leur fragilité ; ce n'est plus seulement du haut de cette chaire chrétienne c'est du haut du trône de vos Rois que s'élève une voix qui vous crie : *Certainement l'homme se promène parmi ce qui n'a que l'apparence ; certainement sa vie est comme une ombre qui passe. Toute chair est comme l'herbe, et toute sa grâce est comme la fleur d'un champ, laquelle fleurit le matin, se fane le soir, et bientôt n'est plus reconnue.* Ce n'est plus un foible ministre de Jésus-Christ, c'est votre Monarque lui-même, qui, après vous avoir guidé pendant sa vie par des lois sages, par des institutions bienfaisantes, vient encore vous éclairer par sa mort, vous élever à un ordre d'institutions plus grandes et plus relevées, et vous répéter du fond de son cercueil : *Vanités des vanités, la figure de ce monde passe, mais la parole du Seigneur demeure éternellement.*

La France mène deuil sur son Roi ; vous déplorez avec nous sa perte ; mais nous vous avons dit que ces regrets ne doivent pas se borner chez vous à des sentimens stériles, et cela nous conduit à tirer de cette solennité une instruction nouvelle.

Vous le savez, mes frères, il est dans les principes de notre monarchie de reconnoître que *le Roi ne meurt point en France.* Eh bien, cette gratitude dont vos regrets témoignent que vous êtes pénétrés envers le Monarque que nous avons perdu, cet attachement qui devoit être la suite naturelle de ses bienfaits, tous ces sentimens si bien mérités, transportez-les sur la personne de son successeur, sur la personne de ce Prince auguste, aujourd'hui l'espoir de la France. Et ce que je vous dis là n'est pas seulement une obligation que vous impose votre qualité de François, votre religion vous en fait un devoir sacré. Vous êtes chrétiens, mes frères, et vous savez que selon le christianisme les rois ne tiennent leur pouvoir ni de leur propre force, ni de la volonté de foibles mortels : *Ils sont les oints du Seigneur*, nous disent nos saints Livres; *c'est par lui que les rois règnent et que les souverains administrent la justice; il tient leurs cœurs dans sa main, il les fléchit comme l'agriculteur fléchit le cours des eaux; il décide dans ses conseils ce qu'Hérode et Pilate auront à exécuter*. Le roi doit faire le bonheur de ses peuples, sans doute, et il doit le faire pour plaire à son Dieu, à ce roi des rois de qui son pouvoir relève : le peuple doit à son tour aimer son roi et lui obéir, aussi pour plaire à ce Dieu qui lui dit : *Soyez soumis aux puissances supérieures, car il n'y a point de puissances qui ne viennent de Dieu; le prince est le serviteur de Dieu ordonné pour rendre la justice. Soyez-lui donc soumis, et cela pour l'amour de Dieu; craignez Dieu, honorez le roi;* voilà les paroles de l'Écriture, voilà les principes de nos églises; et ici, mes frères, j'aime à le reconnoître, je sais que ces principes sont aussi la règle de votre vie ; je sais qu'un esprit de fidélité au Souverain et de soumission aux lois, se fait remarquer parmi nous ; que l'on ne voit pas dans le sein de notre église de ces esprits agités qui rêvent sans cesse des combinaisons nouvelles, de ces novateurs imprudens qui avec des intentions pures, je veux le croire, seroient peut-être effrayés s'ils pouvoient découvrir la profondeur de l'abîme où les feroit tomber l'accomplissement de leurs téméraires pensées ; non, mes frères, et j'en bénis le Seigneur, nous ne voyons dans ce troupeau que des citoyens paisibles, amis de l'ordre, attachés à leur Prince, et qui méritent à leur tour, de sa part, et confiance et amour.

Mais il ne suffit pas d'avoir ces sentimens gravés dans son cœur, nous devons encore chercher à les inspirer à ceux qui nous entourent ; nous devons particulièrement étendre notre sollicitude sur la génération qui s'élève ; et, pour cet effet, aidez-nous vous-mêmes, mes frères, à inculquer dans l'âme de vos enfans ces salutaires principes de l'obéissance aux lois et de l'amour de leur Prince.

Tenez-les d'abord en garde contre cet esprit

de blâme, de critique perpétuelle, si déplacé et néanmoins si commun, surtout dans la jeunesse; montrez-leur combien il est inconvenant, je dirai même ridicule de s'ériger ainsi, dès leur bas âge, en frondeurs de toutes les institutions établies, en réformateurs des empires, en censeurs de projets, d'entreprises dont les ressorts secrets échappent souvent aux recherches des esprits les plus éclairés; faites-leur sentir combien ce funeste penchant avoit autrefois contribué aux malheurs de leur patrie.

Mais attachez-vous, par-dessus tout, à faire de ces êtres chéris des hommes religieux, de bons fils, de vertueux époux, des pères de famille respectables, des sujets fidèles, en un mot, des chrétiens, car cette qualité renferme toutes les autres; c'est ainsi que vous pouvez témoigner votre attachement à vos Rois, d'une manière efficace, et qui soit en même temps agréable à votre Dieu.

Ah! si le Prince auguste qui nous gouverne pouvoit être témoin des sentimens qui nous animent, il ne pourroit qu'en être touché; la douleur, qui oppresse son âme royale, en seroit adoucie: il ne pourroit sans attendrissement nous voir tous ensemble élever les mains vers l'Eternel, et lui dire d'un même cœur : O notre Dieu! monarque suprême de l'univers, toi qui disposes souverainement du sort des empires, daigne écouter la supplication de tes enfans : répands tes bénédictions les plus précieuses sur le Prince aux soins duquel tu as confié notre bonheur; conserve-le, conduis-le par ton esprit, fais que sous son règne, la justice, la paix s'unissent dans notre patrie, que nos enfans chérissent sa mémoire, et que l'on puisse dire à jamais parmi nous : Charles X fit le bonheur de son peuple; et son peuple reconnoissant, le rendit heureux par son amour. AMEN.

PRIÈRE

PRONONCÉE APRÈS LE DISCOURS.

SEIGNEUR notre Dieu, nous ne pouvons nous éloigner de tes parvis, sans t'implorer encore en faveur de l'auguste famille de nos Rois : tu viens de lui envoyer une cruelle épreuve, en retirant à toi le Monarque qu'elle chérissoit comme son père; mais les Princes qui nous gouvernent sont des Princes religieux : ils savent que c'est en toi seul qu'ils peuvent trouver des adoucissemens à leurs peines. Veuilles donc, dans tes infinies miséricordes, répandre sur leur âme attristée les consolations les plus efficaces de ton Évangile; fais que ces sublimes espérances que nous présente ce livre de vie, calment leurs douleurs, et qu'elles remplissent aujourd'hui leur cœur de cette résignation chrétienne, dont ils ont si bien connu le prix, durant le cours de leurs longues souffrances; exauce, Seigneur, exauce, c'est leur peuple tout entier qui te demande pour eux cette grâce.

Bénis maintenant les nouvelles destinées de notre patrie, bénis surtout Sa Majesté Charles X, notre auguste Monarque, fais que son règne ne soit qu'une suite de prospérités toujours croissantes; qu'il soit constamment environné de conseillers intègres, qui fassent toujours paroître la vérité à ses yeux; que son gouvernement soit toujours respecté des étrangers, chéri et vénéré de son peuple; que sous son autorité nos églises continuent à fleurir, notre religion sainte à prospérer, nos maisons de prière à retentir de vœux et de bénédictions en faveur de notre Roi.

Nous t'invoquons encore pour le bonheur de ses augustes enfans, pour celui de tous les Princes et Princesses de sa royale famille.

Bénis aussi les Magistrats qui sont au milieu de nous, les représentans du Prince; qu'ils soient toujours de dignes interprètes de son amour et de ses vues bienfaisantes pour ses peuples, et que, répondant aux désirs de leurs Rois, ils appellent ainsi toujours plus sur sa personne sacrée l'amour et la reconnoissance des François. A toi, grand Dieu, source de toute grâce excellente, à ton Fils notre Sauveur, à l'Esprit qui nous sanctifie, soient honneur, louange et gloire dès maintenant et à jamais. AMEN.

www.ingramcontent.com/pod-product-compliance
Lightning Source LLC
LaVergne TN
LVHW010250230826
846091LV00007B/2887

* 9 7 8 2 0 1 1 7 6 5 3 0 7 *